BEI GRIN MACHT SICH IHR
WISSEN BEZAHLT

- Wir veröffentlichen Ihre Hausarbeit,
  Bachelor- und Masterarbeit

- Ihr eigenes eBook und Buch -
  weltweit in allen wichtigen Shops

- Verdienen Sie an jedem Verkauf

Jetzt bei www.GRIN.com hochladen
und kostenlos publizieren

Bibliografische Information der Deutschen Nationalbibliothek:

Die Deutsche Bibliothek verzeichnet diese Publikation in der Deutschen National-
bibliografie; detaillierte bibliografische Daten sind im Internet über http://dnb.d-
nb.de/ abrufbar.

Impressum:

Copyright © 2007 GRIN Verlag, Open Publishing GmbH
Druck und Bindung: Books on Demand GmbH, Norderstedt Germany
ISBN: 978-3-668-06412-6

Dieses Buch bei GRIN:

http://www.grin.com/de/e-book/122307/zusammenhaenge-zwischen-einflusstakti-
ken-und-leistungsbeurteilungen-modelle

Nicole Kaßecker

Zusammenhänge zwischen Einflusstaktiken und Leistungsbeurteilungen. Modelle und Prozesse im Überblick

GRIN Verlag

GRIN - Your knowledge has value

Der GRIN Verlag publiziert seit 1998 wissenschaftliche Arbeiten von Studenten, Hochschullehrern und anderen Akademikern als eBook und gedrucktes Buch. Die Verlagswebsite www.grin.com ist die ideale Plattform zur Veröffentlichung von Hausarbeiten, Abschlussarbeiten, wissenschaftlichen Aufsätzen, Dissertationen und Fachbüchern.

Besuchen Sie uns im Internet:

http://www.grin.com/

http://www.facebook.com/grincom

http://www.twitter.com/grin_com

Wirtschafts- und Sozialwissenschaftliche Fakultät der Universität Erlangen-Nürnberg

Lehrstuhl für Psychologie, insb. Wirtschafts- und Sozialpsychologie

Fokus: Einflusstaktiken und Leistungsbeuteilungen

Nicole Kaßecker

Inhaltsverzeichnis

1 Einleitung: Wie stehen Einflusstaktiken und Leistungsbeurteilungen miteinander in Zusammenhang?

Ziel der Arbeit ist es mit Hilfe einiger wissenschaftlicher Ergebnisse herauszufinden ob und inwieweit verwendete Einflusstaktiken Leistungsbeurteilungen beeinflussen. In einem ersten Schritt wird geklärt, was Einflusstaktiken und was Leistungsbeurteilungen sind. Leistungsbeurteilungen stellen ein wichtiges Instrument der Organisations- und Personalentwicklung dar. Eine Leistungsbeurteilung ist die formale Beurteilung der sachlichen Arbeitsleistung einer Einzelperson durch einen Vorgesetzten und ist im Idealfall ein objektiver, vernünftiger und genauer Prozess (Longenecker & Sims, 1987). Von der Leistungsbeurteilung hängen oft innerbetriebliche Entscheidungen wie Aufstiegschancen und Entgeltgestaltung ab (Wayne, 1997).

Es gibt ein großes Repertoire an Einflusstaktiken, die in der Arbeit in Punkt 2.1 genau erläutert werden. Einflusstaktiken können sowohl von Beurteilten als auch von Beurteilern eingesetzt werden. Das Ziel von Einflusstaktiken ist, Angehörige einer Organisation zu etwas veranlassen, was sie sonst nicht tun würden (Blickle et al., 2002), d. h. die Meinungen, Einstellungen oder Wünsche anderer Personen innerhalb der Organisation zu beeinflussen und so die Realisierung eigener Ideen, Ziele und Pläne durchzusetzen. Konkret für den Zusammenhang zwischen der Einflusstaktik und der Leistungsbeurteilung bedeutet dies, dass sowohl der Angestellte, als auch der Vorgesetzte durch ein bestimmtes gewolltes Verhalten die Objektivität der Leistungsbeurteilung zu seinen Gunsten verändern kann.

Die folgende Arbeit beleuchtet diese Aspekte durch die Betrachtung der Einflussnahme aus zwei Perspektiven. In einem ersten Abschnitt werden die Einflusstaktiken durch die Beurteilten bzw. der Arbeitnehmer und deren Auswirkung auf die Leistungsbeurteilung betrachtet, im nächsten Abschnitt die Einflusstaktiken der Beurteiler bzw. der Vorgesetzten. Die Gefahren die sich hieraus für die Neutralität von Leistungsbeurteilungen ergeben, werden dabei beleuchtet. Anschließend werden beide Sichtweisen in Verbindung miteinander gebracht und gemeinsame Rückschlüsse gezogen.

2 Einflusstaktiken durch Beurteilte

2.1 Das Modell

Ausgangspunkt für das hier verwendete Modell zur Untersuchung des Zusammenhangs zwischen Einflusstaktiken und Leistungsbeurteilungen ist das Modell von Ferris und Judge (1991). Es beleuchtet einen mehrstufigen Prozess und zeigt, wie sich verschiedene Einflusstaktiken des Beurteilten zunächst auf die Wahrnehmungen des Vorgesetzten und im nächsten Schritt auf die Leistungsbeurteilung, seine Karrierechancen und letztlich auf sein Gehalt auswirken. Hierarchisch gesehen, handelt es sich um einen Prozess der von unten nach oben wirkt. Das Modell ist in Abbildung 1 graphisch dargestellt. In einem ersten Schritt wurden Hypothesen über die erwarteten Zusammenhänge aufgestellt und anschließend empirisch von Wayne et al. (1997) mit Hilfe der Daten von 247 Angestellten und Vorgesetzten überprüft. Das Ursprungsmodell von Ferris und Judge (1991) beschrieb den Zusammenhang von Einflusstaktiken und Wahrnehmungen durch den Vorgesetzten nicht näher, dies wurde im vorliegenden Modell von Wayne et al. (1997) ergänzt. Die Graphik ist um Pfadkoeffizienten im Sinne von Korrelationen aus der o.g. Studie ergänzt und stellt eine Synthese aus beiden Studien dar. Das Grundgerüst stammt von Ferris und Judge (1991), konkrete Daten wurden von Wayne et al. (1997) geliefert. Das Modell wird nun schrittweise aufgebaut und erläutert. Zunächst werden die Einflusstaktiken erklärt, anschließend ihre Wirkung auf die Wahrnehmungen der Vorgesetzten und am Ende die Wirkung auf die Leistungsbeurteilung.

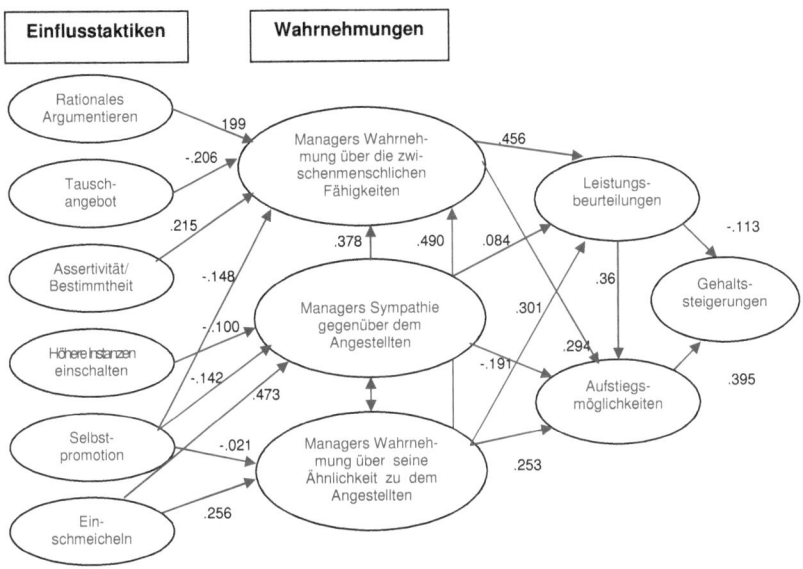

Abbildung 1: Der Beeinflussungsprozess ausgehend vom Beurteilten
(Eigene Darstellung)

2.2 Die Einflusstaktiken im Überblick

In der Literatur gibt es eine Reihe von Einflusstaktiken in Organisationen, wie z.B. die 13 Einflusstaktiken nach Blickle (2004). Blickle klassifiziert in harte und weiche Einflusstaktiken. Harte Einflusstaktiken können die offene Konfrontation oder auch das Androhen von Konsequenzen sein, beispielsweise assertives Verhalten oder das Einschalten von höheren Instanzen. Weiche Taktiken sind dagegen das Einschmeicheln durch Komplimente oder eine Person um Rat fragen (Blickle, 2003). Weiter unterscheidet er rationale, beispielsweise das rationale Argumentieren und das Tauschangebot, und indirekte Einflusstaktiken, d.h. die Einflussnahme über Zwischenpersonen.

Das vorliegende Modell beschränkt auf sechs, hauptsächlich im aufwärts gerichteten Prozess, d. h. vom Arbeitnehmer zum Vorgesetzten, beobachtete Einflusstaktiken (Kipnis & Schmidt, 1982): das rationale Argumentieren (reasoning), das Tauschangebot (bargaining), die Assertivität / Bestimmtheit (assertiveness), das Einschalten höherer Instanzen (higher authority), die Selbstpromotion (self-promotion) und das Einschmeicheln (favor rendering).

Da die Einflusstaktiken für die weitere Betrachtung sehr wichtig sind, werden sie hier kurz erläutert. Das rationale Argumentieren beschreibt, die Einflussnahme einer Person durch logische Argumente auf die Meinung einer anderen Person. Wendet ein Arbeitnehmer die „Tauschangebot-Taktik" an, so wird er seinem Vorgesetzten seine Unterstützung oder einen Gefallen anbieten und ihn auch an seine Vorleistung erinnern. Er appelliert an das Prinzip der Reziprozität. Assertivität bedeutet, dass zur Durchsetzung der eigenen Ziele Anweisungen gegeben, Forderungen gestellt oder auf die Befolgung von Vorschriften gepocht wird. Höhere Instanzen einschalten meint sich an einen höheren Vorgesetzten zu wenden, oder dies zumindest anzukündigen. Die Selbstpromotion kann mit dem Selbstmarketing gleich gesetzt werden. Einschmeicheln bedeutet den Vorgesetzten zu loben, freundlich zu ihm zu sein und ihm kleine Gefälligkeiten erweisen (Blickle, 2004).

2.3 Die Wirkung der Einflusstaktiken auf die Wahrnehmung der Beurteiler

Die Einflusstaktiken der Angestellten führen zu unterschiedlichen Wahrnehmungen der Vorgesetzten. In der Literatur werden drei Typen unterschieden: die Wahrnehmung des Managers über die zwischenmenschlichen Fähigkeiten des Angestellten, die Sympathie, die der Manager gegenüber dem Angestellten empfindet (Judge & Ferris, 1993) und die Wahrnehmung der Ähnlichkeit mit dem Angestellten (Wayne & Liden, 1995). Nun ist zu klären wie stark und in welche Richtung sich die Einflusstaktiken auf die drei genannten Schlüsselzielreaktionen der Manager auswirken.

Hat ein Angestellter eine rationale Argumentationsfähigkeit, kann er logisch argumentieren und liefert er klare Erklärungen um seinen Standpunkt zu vertreten, so nimmt der Vorgesetzte an, dass er gute zwischenmenschliche Fähigkeiten hat (Wayne et al., 1997). Der Pfadkoeffizient, der den Zusammenhang zwischen einer rationalen Argumentationsfähigkeit und der Wahrnehmung über gute zwischenmenschliche Fähigkeiten misst liegt aus der Empirie bei .199 und bestätigt einen leichten positiven Zusammenhang.

Wendet ein Angestellter die Einflusstaktik des Tauschangebots an, so folgert der Manager aus dem unangemessenen Verhalten eine Charaktereigenschaft. Dies führt zu einer geringen Einschätzung seiner zwischenmenschlichen Fähigkeiten (Wayne et al., 1997). Den negativen Zusammenhang unterstreichen die Ergebnisse aus der Studie mit einem negativen Wert des Pfadkoeffizienten von -.206.

Die Hypothese über die Wirkung von assertiven Verhalten des Angestellten auf die Einschätzung über seine zwischenmenschlichen Fähigkeiten geht von einem negativen Zusammenhang aus. Assertivität ist eher ein hierarchisch von oben nach unten und nicht umgekehrt akzeptiertes Verhalten (Kipnis et al., 1980; Yukl & Falbe, 1990). Der Manager fühlt sich dadurch in seiner Autorität untergraben (Wayne et al., 1997). Die Ergebnisse aus der Studie mit einem Wert von .215 können diese These nicht tragen und bestätigen sogar einen positiven Zusammenhang. Hier liefert der Wert des Pfadkoeffizienten keine Übereinstimmung mit der aufgestellten Hypothese von Wayne et al. (1997).

Schalten Angestellte schnell höhere Instanzen ein und dienen diese Kontakte nicht um Netzwerke innerhalb des Unternehmens aufzubauen, so ist anzunehmen, dass diese Einflusstaktik sich negativ auf die Sympathie des Managers ihm gegenüber auswirkt, da er sich bedroht und hintergangen fühlen wird (Wayne et al., 1997). Die Empirie bestätigt dies mit einem leicht negativen Zusammenhang (-.100).

Bei der Selbstpromotion des Angestellten ist von einer negativen Wirkung auf alle drei Schlüsselzielreaktionen der Manager auszugehen. Es ist sehr schwer eine positive Wirkung bei der Selbstpromotion zu erzielen, da selbst bei leichter Übertreibung, der Angestellte als arrogant und angeberisch wirkt (Cialdini & DeNicolas, 1989). In der Studie finden sich fast identische negative Zusammenhänge zu den zwischenmenschlichen Fähigkeiten (-.148) und der Sympathie (-.142), sowie ein geringerer Wert zur Wahrnehmung der Ähnlichkeit (-.021). Anzumerken ist, dass die Pfade zur Sympathie und zur Ähnlichkeitswahrnehmung nicht signifikant von 0 verschieden sind.

Die Einflusstaktik des Einschmeichelns lässt eine positive Wirkung auf die miteinander korrelierenden Wahrnehmungen (Byrne, 1971; Liden et al., 1993) der Sympathie und der Ähnlichkeit vermuten. Die Wirkung auf die Sympathie zu dem Mitarbeiter ist leicht nachvollziehbar. Der Grund für den positiven Zusammenhang auf die wahrgenommene Ähnlichkeit liegt vermutlich daran, dass Menschen sich gerne mit anderen Menschen identifizieren, die ein gutes Verhalten zeigen (Byrne, 1971). Unsere Studie

bestätigt dies mit einem positiven Wert für die Ähnlichkeit (.256) und einem sehr großen Zusammenhang mit der empfundenen Sympathie (.473).

Als letzten Punkt ist noch zu klären, wie die drei Schlüsselreaktionen miteinander in
Abhängigkeit stehen. Hierzu wurden im Vorfeld keine Hypothesen aufgestellt. Die
Pfadkorrelation zwischen der empfundenen Sympathie gegenüber dem Angestellten
und der Annahme von guten zwischenmenschlichen Fähigkeiten zeigt einen positiven Zusammenhang von .378. Noch signifikanter ist der Zusammenhang der Wahrnehmung der Ähnlichkeit mit dem Angestellten und der Annahme von guten zwischenmenschlichen Fähigkeiten. Hier liegt der Wert bei .490. Zwischen der Ähnlichkeit und der Sympathie wurde wie o.g. zwar eine Korrelation festgestellt, für die keine
Werte vorliegen. Da nun die Wirkungen der Einflusstaktiken auf die Wahrnehmungen
der Manager dargelegt sind, bleibt noch zu klären wie sie die Leistungsbeurteilung,
die Aufstiegsmöglichkeiten und die Gehaltsentwicklung der Angestellten beeinflussen.

2.4 Die Wirkung der Wahrnehmung auf die Leistungsbeurteilung, Auf-
stiegsmöglichkeit und Gehaltssteigerung

Nimmt der Manager gute zwischenmenschliche Fähigkeiten bei seinem Angestellten
war, so wird sich dies positiv auf seine Leistungsbeurteilung auswirken, da Leistungen nicht nur mit Wissen, sondern auch mit Geschick und Ausstrahlung erreicht werden. In der Empirie wurde ein signifikanter Zusammenhang von .456 festgestellt.
Ebenso hat die empfundene Sympathie gegenüber dem Angestellten eine wohlwol-
lende Leistungsbeurteilung zur Folge. Die Zuneigung des Managers wird ihn dazu
veranlasst dem Angestellten alle Mittel zur Verfügung zu stellen, ihn auf ein höheres
Leistungsniveau zu bringen. (Feldman, 1986). Der Wert mit .084 ist in der Studie nur
leicht positiv, d.h. nicht signifikant von 0 verschieden, und wesentlich geringer als der
für die zwischenmenschlichen Fähigkeiten.
Empfindet der Manager Ähnlichkeit mit dem Angestellten, wird er geneigt sein eine
bessere Leistungsbeurteilung zu geben. Menschen tendieren dazu sich selbst positiver zu bewerten (Atwater & Yammarino, 1992), somit folgt, dass dem Beurteiler ähn-
liche Beurteilte besser abschneiden als Unähnliche. Die Probanten aus dem Modell
bestätigen den positiven Zusammenhang mit .301.

Die Studie hat weiter Auswirkungen auf die Aufstiegmöglichkeiten der Angestellten untersucht. Nimmt der Manager gute zwischenmenschliche Fähigkeiten bei seinem Mitarbeiter war, so schreibt er ihm vermutlich Sozialkompetenz zu, was wiederum seine Aufstiegsmöglichkeit positiv beeinflusst. Der Wert der Pfadkorrelation liegt bei .294 und bestätigt die These.

Empfindet der Manager Sympathie gegenüber seinem Angestellten, so wird er ihn ungern als Mitarbeiter in seiner Abteilung verlieren, somit ist ein negativer Zusammenhang mit den Aufstiegsmöglichkeiten zu erwarten. Der empirische Wert bestätigt dies mit -.191.

Besteht eine Wahrnehmung einer Ähnlichkeit von Führungskraft und Angestellten so wird sich dies vermutlich positiv auf die Aufstiegschancen auswirken, da jeder Mensch sich gerne als erfolgreich sieht. Daher wird der Manager einer ihm ähnlichen Person gute Karrieremöglichkeiten bereiten. Die Pfadkorrelation beträgt in der Studie .253 und bestätigt dies.

In der Studie wurde weiterhin untersucht, wie sich die Leistungsbeurteilung auf die Aufstiegsmöglichkeit auswirkt. Hier wurde eine positive Pfadkorrelation mit .360 festgestellt.

Als letzten Punkt wurden die Auswirkungen der Leistungsbeurteilung und der Aufstiegsmöglichkeit auf die Gehaltssteigerung betrachtet. Dabei konnte ein leicht negativer Zusammenhang von der Leistungsbeurteilung auf die Gehaltssteigerung mit -.113 festgestellt werden. Dieses Ergebnis ist etwas verblüffend, da gerade in den Ausführungen in Kapitel 3 festgestellt wurde, dass Einflusstaktiken von Beurteilern eingesetzt werden um Leistungsbeurteilungen zu verschlechtern, mit dem Ziel das Gehalt des Angestellten zu verringern. Ein positiver Zusammenhang mit .395 besteht zwischen der Aufstiegsmöglichkeit und der Gehaltssteigerung des Mitarbeiters. Dieses Ergebnis ist plausibel.

Zusammenfassend bedeuten die Ergebnisse: Wenn ein Manager von den zwischenmenschlichen Fähigkeiten des Angestellten überzeugt ist, er ihn mag und eine Ähnlichkeit ihm gegenüber empfindet, so besteht ein positiver Zusammenhang mit dessen Leistungsbeurteilung (Wayne et al., 1997).

Die Einflusstaktiken wirken auf die Wahrnehmungen der Manager ein, die wiederum die Leistungsbeurteilung beeinträchtigen. Es kann dabei festgehalten werden, dass die Einflusstaktiken rationales Argumentieren, Einschmeicheln und Assertivität eine positive Wirkung auf die Leistungsbeurteilung haben. Die Assertivität kann den beschriebenen positiven Zusammenhang aufgrund der Empirie bestätigen, die Hypothese von Wayne et al. (1997) nimmt wie oben beschrieben einen negativen Zusammenhang an. Höhere Instanzen einsetzen, Tauschangebote und Selbstpromotion haben eher negative Auswirkungen auf die Bewertung.

3 Einflusstaktiken durch Beurteiler

3.1 Überblick über den Prozess

Der folgende Teil der Arbeit erklärt die zweite Perspektive, die Einflussnahme der Beurteiler bzw. der Manager auf die Leistungsbeurteilung von Angestellten. Dabei werden die Leistungsbeurteilungen durchaus als politische Instrumente zur Unternehmenssteuerung missbraucht und verlieren ihren idealtypischen neutralen Beurteilungscharakter. Grundlage für eine eingehende Betrachtung des Prozesses ist eine Forschung von Longenecker und Sims (1987) bei der 60 Manager in halbstrukturierten Interviews über den Leistungsbeurteilungsprozess befragt wurden. Die Ergebnisse der Studie sind in Abbildung 2 graphisch dargestellt und in den folgenden Kapiteln 3.2., 3.3. und 3.4. erläutert. Zunächst wird der Zusammenhang zwischen der Anwendung von Einflusstaktiken und der Unternehmenspolitik deutlich gemacht, anschließend die vorherrschenden Gründe von politischem Handeln erklärt, bevor deren Auswirkungen auf die Leistungsbeurteilung genannt werden.

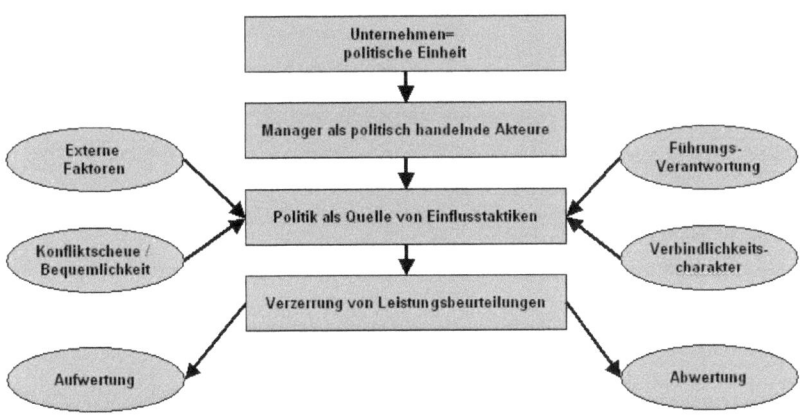

Abbildung 2: Der Beeinflussungsprozess ausgehend vom Beurteiler
(Eigene Darstellung)

3.2 Politik in der Organisation: Quelle der Einflusstaktiken

Jedes Unternehmen ist mit divergierenden Interessen der einzelnen Mitarbeiter konfrontiert und diese unterschiedlichen Interessen prägen die Gesamtorganisation. Verschiedene Mitarbeitergruppen haben unterschiedliche Machtstellungen, dabei haben Schlüsselinteressengruppen einer Unternehmung im Allgemeinen mehr Mitspracherecht bei Entscheidungen. Eine Organisation ist damit eine politische Einheit, deren Entscheidungen von ihren Schlüsselinteressengruppen abhängen (Pfeffer, 1981). Vorgesetzte sind eine wichtige Interessengruppe einer Organisation, die ihr persönliches Schicksal und den Unternehmenserfolg durch politische Handlungen versuchen zu steuern (Longenecker et al., 1987). Somit ist es wahrscheinlich, dass politische Überlegungen Vorgesetzte bei der Leistungsbeurteilung beeinflussen. Das führt zu dem Schluss, dass Einflusstaktiken bei Leistungsbeurteilungen angewandt werden, da die Politik in der Organisation eine große Rolle spielt. Es ist anzunehmen, dass ein Zusammenhang zwischen dem Maß der politischen Handlungen in Organisationen und der Objektivität und Genauigkeit der Leistungsbeurteilung besteht: Politische Handlungen sind die Quelle für ungenaue Beurteilungen (Longenecker et al., 1987).

3.3 Gründe für politisches Handeln in Organisationen

Im nächsten Schritt gilt es nun herauszuarbeiten, warum politische Handlungen in der Organisation vorgenommen werden. In der Studie von Longenecker und Sims (1987) wurden zahlreiche Gründe genannt, die Arbeit beschränkt sich auf die wesentlichsten Aspekte und hat keinen Anspruch auf Vollständigkeit.

Eine wichtige Rolle spielen externe Faktoren. Wie sehen die allgemeine Wirtschafts- und Ertragslage und das Wachstumspotenzial der Organisation aus? Da Leistungsbeurteilungen oft die Grundlage für die Höhe des Gehaltes einer erfolgs- und leistungsabhängigen Vergütung darstellen, können Bewertungen großen Einfluss auf die Personalkosten des Unternehmens haben. Das heißt wenn viele Leistungsbeurteilungen schlecht ausfallen, wird das Gehalt der Mitarbeiter geringer ausfallen und die Firma spart sich Personalkosten. Gerade wenn die Firma sich in einer schlechten Ertragslage befindet, wird politisches Handeln durch die Ausstellung von schlechten

Leistungsbeurteilungen von der Führungsspitze angeordnet, um die Kosten zu reduzieren (Longenecker et al., 1987).

Persönliche Aspekte wie Konfliktscheue und Bequemlichkeit der Führungskraft sind ein nicht zu vernachlässigender Grund für politisches Handeln. Der Vorgesetzte steht in täglicher Beziehung zu dem Mitarbeiter (Longenecker et al., 1987): Wenn er ihm eine Beurteilung gibt, wird er sich mit ihm auseinandersetzen müssen, ihn anleiten und betreuen. Insbesondere wenn der Manager eine schlechte Beurteilung ausstellt, ist er vielleicht nicht in der Lage eine offene Kommunikation zu pflegen. Gründe dafür können sein, dass Offenheit im Unternehmen nicht üblich ist, da es beispielsweise nicht von der Führungsspitze vorgelebt wird. Somit wird er es bevorzugen politisch zu Handeln, anstatt objektiv zu beurteilen. Konkret wird er die Beurteilung beschönigen, um Konflikten und Konfrontationen aus dem Weg zu gehen. Ein solches Verhalten wird nur in Organisationen toleriert werden, in denen der Leistungsbeurteilungsprozess als bürokratisches Übel angesehen und nicht wirklich ernst genommen wird (Longenecker, et al., 1987).

Die Führungsverantwortung gegenüber dem Mitarbeiter ist ebenfalls ein häufig genannter Grund für politisches Handeln. Der Vorgesetzte muss abwägen, wie er einen Mitarbeiter besser motivieren kann. Entweder gibt er ihm eine schlechte Beurteilung, um ihn wachzurütteln, oder er beschönigt die Beurteilung, um ihn nicht völlig zu demotivieren. Die Führungskraft weiß über persönliche Probleme seiner Angestellten Bescheid, er kennt seinen Charakter und er weiß, dass die Beurteilung erhebliche Folgen für die Karriere des Mitarbeiters haben kann (Longenecker et al., 1987). Diese Aspekte berücksichtigt der Manager automatisch und teilweise auch unbewusst bei seiner Beurteilung und sie verleiteten ihn zu politischem Handeln.

Eine weitere Rolle spielt der Verbindlichkeitscharakter von schriftlichen Leistungsbeurteilungen (Longenecker et al., 1987). Die Dokumentation und damit die Nachweisbarkeit führen zu einer vorsichtigeren und oft auch zu einer politisch veränderten Leistungsbeurteilung, insbesondere wenn ein Rechtsstreit mit dem Mitarbeiter zu erwarten ist. Wenn beispielsweise bereits klar ist, dass ein Mitarbeiter gegen den Arbeitgeber klagt, so wird die Beurteilung so verändert werden, dass für das Unternehmen eine möglichst kleine Angriffsfläche im Falle des Rechtsstreites vorhanden ist. Auch wenn dadurch die Objektivität und der Wahrheitsgehalt der Leistungsbeurteilung leidet.

Es wurde zudem von den Managern der Studie angegeben, dass die Bedeutung von politischem Handeln im Beurteilungsprozess auf höherer Hierarchieebene immer größer wird (Longenecker et al., 1987). Zusammenfassend kann gesagt werden, dass politisches Handeln, für das es eine Vielzahl von Gründen gibt, oft der Motivationsgrund für die Anwendung von Einflusstaktiken ist. Sie wirken sich auf die Leistungsbeurteilungen aus, verzerren sie und sie verlieren ihren lehrbuchmäßigen Objektivitätscharakter.

3.4 Auswirkungen auf die Leistungsbeurteilung

3.4.1 Aufwertung der Leistungsbeurteilung

Eine Möglichkeit der Verzerrung ist die Aufwertung der Leistungsbeurteilung durch den Vorgesetzten. Dabei wird meist die gesamte Bewertung von dem Beurteiler beschönigt dargestellt und eher seltener einzelne Kriterien (Longenecker et al. 1987). Ein häufig genannter Grund aus der Studie von Longenecker und Sims (1987) war die Erhaltung des Leistungsniveaus des Beurteilten. Zum einen aus finanziellen Aspekten bei einer leistungsabhängigen Vergütung und zum anderen aus motivationalen Gründen, z.B. bei persönlichen Problemen des Angestellten oder bei einem Leistungsanstieg kurz vor der Beurteilung. Weiterhin scheuten Vorgesetzte davor interne Probleme mit der Dokumentation durch die Beurteilung nach außen zu tragen. Sie wollten damit meist eine Konfrontation vermeiden. Ein seltenerer genannter Grund war die Hinausbeförderung eines unbeliebten Mitarbeiters, der nicht in das Abteilungsklima passt. Meist handelte es sich dabei um jüngere Arbeitnehmer, die schnell Karriere machen wollten (Longenecker et al., 1987).

3.4.2 Abwertung der Leistungsbeurteilung

Die Abwertung wird nach Angabe der Manager eher zögerlicher eingesetzt, da das Risiko besteht, dass der erwartete Effekt fehlschlägt (Longenecker et al., 1987). Die Abwertung wurde in der Praxis eingesetzt, um einem rebellischen Mitarbeiter eine Lehre zu erteilen, da der Manager mit einer schlechten Leistungsbeurteilung seine

Macht demonstrierte. Ein weiterer Grund war das Wachrütteln eines Angestellten, der sein Potenzial nicht ausnutzte. Ziel einer Abwertung kann auch ein sanfter Hinweis für den Mitarbeiter von Seiten der Führungsebene sein, dass er die Organisation verlassen sollte. Weiterhin kann die schriftliche Dokumentation von schlechteren Leistungen Beweismaterial für einen folgenden Rechtsstreit sein. Das Unternehmen muss sich eventuell verteidigen und schützt sich damit vor weiteren Angriffen (Longenecker et al., 1987).

4 Zusammenfassung: Leistungsbeurteilung ist von zwei Seiten ein beeinflusster Prozess

Ziel der Arbeit ist es den Zusammenhang von Einflusstaktiken und Leistungsbeurteilungen zu beleuchten. Dafür wurde die Einflussnahme der Leistungsbeurteilung sowohl aus der Sicht des Beurteilten als auch des Beurteilers betrachtet.

Bei dem aufwärts gerichteten Prozess, wendet der Arbeitnehmer nach dem Modell von Wayne et al. (1997) die Einflusstaktiken, rationales Argumentieren, Tauschangebot, Assertivität, höhere Instanzen einschalten, Selbstpromotion und Einschmeicheln an, um Wahrnehmungen der Führungskräfte (zwischenmenschliche Fähigkeit, Sympathie, Ähnlichkeit) zu erzeugen, was Auswirkungen auf die Leistungsbeurteilung hat. Rationales Argumentieren, Einschmeicheln und assertives Verhalten haben eine positive Wirkung auf die Leistungsbeurteilung. Höhere Instanzen einsetzen, Tauschangebote und Selbstpromotion wirken sich eher negativ auf die Bewertung aus.

Im abwärts gerichteten Prozess ist nach einer Studie von Longenecker und Sims (1987) das politische Handeln die Ursache für den Einsatz von Einflusstaktiken. Eine Reihe von Gründen führen zu politischen Handlungen in Organisationen, die ursächlich für verzerrte (auf- und abgewertete) Leistungsbeurteilungen sind.

Ein interessanter Unterschied der sich beim Vergleich der beiden Prozesse gezeigt hat, ist der Zeitpunkt wann die Einflusstaktiken wirken. Bei der Einflussnahme durch den Beurteilten wirken sie vor der Leistungsbeurteilung. Der Arbeitnehmer erzeugt mit seinem Verhalten Wahrnehmungen bei dem Manager, die dann zu einer dadurch gefärbten Leistungsbeurteilung führt, z.B. durch das Einschmeicheln mag der Vorgesetzte den Mitarbeiter mehr und gibt ihm eine positivere Beurteilung.

Beeinflusst der Vorgesetzte motiviert durch politisches Handeln die Bewertung, so ist sein Ziel mit der Verzerrung ein Verhalten bei dem Beurteilten zu erzeugen. Er gibt beispielsweise dem Mitarbeiter, der erst seit kurzer Zeit gute Leistungen zeigt wegen seiner Führungsverantwortung eine bessere Beurteilung und möchte ihn damit motivieren seine Anstrengungen weiter zu intensivieren. Eine Begründung der zeitlich auseinander fallenden Wirkung der Einflusstaktiken könnte an der unterschiedlichen Machtstellung von Beurteiler und Beurteilten liegen.

5 Ausblick: Längsschnittuntersuchungen in Betrachtung mit einbeziehen

Die Ergebnisse der Arbeit stammen aus zwei Studien der Querschnittsforschung. Da die Einflussnahme auf die Leistungsbeurteilung insbesondere auf höheren Hierarchiestufen (Longenecker et al., 1987) immer mehr an Bedeutung gewinnt (Dulebohn et al., 2004), ist es sinnvoll auch Längsschnittuntersuchungen in die Betrachtungen mit einzubeziehen. Dulebohn, Murray und Ferris (2004) haben mehrperiodische Betrachtungen im Gastronomiebereich durchgeführt. Dabei konnte unter anderem festgestellt werden, dass es in mehreren Perioden eine Reihe von wiederkehrenden Einflusstaktiken gibt, Leistungsbeurteilungen der Vorperiode oft die Grundlage für als nächstes angewandte Taktiken sind und die Beziehung von Angestellten und Manager eine Rolle im Beurteilungsprozess spielt (Dulebohn et al., 2004, S. 53). Bisher wurde zu diesem Thema fast ausschließlich im Querschnitt geforscht. Die Längsschnittforschung ist zwar aufwendiger, aber sehr aufschlussreich und es bleibt zu hoffen, dass die Studien von Dulebohn, Murray und Ferris (2004) fortgeführt werden und weitere wichtige Erkenntnisse über den Zusammenhang von Einflusstaktiken und Leistungsbeurteilungen liefern.

Meiner Meinung nach gibt einige Möglichkeiten politisches Handeln in Unternehmen zu minimieren. Beispielsweise könnten regelmäßig Schulungen für die Führungskräfte zum Thema Leistungsbeurteilung durchgeführt werden. Ziel dabei ist es, Beurteilungsstandards festzulegen. Dadurch wird von Seiten der Unternehmensleitung ein Signal gesetzt, dass es wichtig ist objektive und unverzerrte Leistungsbeurteilungen der Mitarbeiter zu haben. Das Vorleben einer offenen Unternehmenskommunikation, z.B. durch einen Informationsfluss via Intranet an alle Mitarbeiter, ist eine Möglichkeit der Konfliktscheue der Führungskräfte entgegenzuwirken. Dadurch wird es als üblich angesehen, sich auch mit unangenehmen Themen zu beschäftigen und sie nicht zu ignorieren und zu verschweigen. In Anwendung auf die Leistungsbeurteilung bedeutet dies, dass Beurteilungen durch das Vorleben einer offenen Kommunikation weniger beschönigt und verzerrt werden.

Literaturverzeichnis

Atwater L., Yammarino F. (1992). Does self-other agreement on leadership perceptions moderate the validity of leadership and performance predicitons? *Personnel Psychology, 45,* 141-16.

Blickle, G., Wittmann L., Röck, Tina (2002). Machtpotenziale, Ziele und Einflusstaktiken: Quasi-experimentelle Prüfung und Weiterentwicklung eines Modells zum Einsatz von Einflusstaktiken in Organisationen, *Zeitschrift für Personalpsychologie, 3,* 114-123

Blickle, G. (2004). Einflusskompetenz in Organisationen. *Psychologische Rundschau, 55,* 82-93

Blickle, G. (2003): Einflusstaktiken von Mitarbeitern und Vorgesetztenbeurteilung: eine prädiktive Feldstudie, *Zeitschrift für Personalpsychologie 2003, 2,* 4-12

Byrne D. (1971). *The attraction paradigm.* New York: Acadmic Press.

Cialdini, R., DeNicholas M. (1989). Self-presentation by association. *Journal of Personality and Social Psychology, 56,* 626-631

Dulebohn, J.H., Murray, B. & Ferris, G. R. (2004). The Vicious and Virtuous Cycles of Influence Tactic Use and Performance Evaluation Outcomes. *Organizational Analysis, 12,* 53-74

Ferris G., Judge T. (1991), Personnel/human resources management: A political influence perspective. *Journal of Management, 17,* 447-488

Feldman J. (1986). A note on the statistical correction of halo error. *Journal of Applied Psychology, 71,* 173-176

Judge T., Ferris G. (1993), Social context of performance evaluation decisions. *Academy of Management Journal, 36,* 80-105

Kipnis D., Schmidt S. (1982), *Profile of organizational influence strategies.* San Diege, CA: University Associates

Kipnis D., Schmidt S., Wilkinson I. (1980), Intraorganizational influence tactics: Explorations in getting one´s way. *Journal of Applied Psychology, 65,* 440-452

Liden R., Wayne S., Stilwell D. (1993), A longitudinal study on the early development of leader-member exchanges. *Journal of Applied Psychology, 78,*

Pfeffer, J. (1981), *Power in Organisations. Marshfield:* MA Pittman Publishing Co.

Wayne, S.J., Liden, R.C.,(1995). Effects of impression management on performance ratings: A longitudinal study. *Academy of Management Journal, 38,* 232-260

Wayne, S.J., Liden, R.C., Graf, I.K. (1997). The Role of Upward Influence Tactics in Human Resource Decisions. *Personnel Psychology, 50,* 979-1006

Yukl G., Falbe C. (1990). Influence tactics in upward, downward, and lateral influence attempts. *Journal of Applied Psychology, 75,* 132-140